Read for a Better World™

Ojibwemowin

Aate'igewininiwag miinawaa Aate'igewikweg

Percy Leed

**Gaa-anishinaabewisidood
Chato Ombishkebines Gonzalez**

Lerner Publications ◆ Gakaabikaang

Ininiwag miinawaa Ikwewag

Gaawiin izhisijigaadesinoon ojibwemowin ezhisijigaadeg zhaaganaashiimowin. Mii iko aabajichigaadeg inini eshkwesing da-dazhinjigaazod a'aw dinowa enanokiid, aanawi go inini gemaa gaye ikwe aawi. Gaawiin nawaj apiitendaagozisiin a'aw inini apiish a'aw ikwe anishinaabewiyang.

Ezhisijigaadeg yo'ow Mazina'igan

Aate'igewininiwag miinawaa Aate'igewikweg

Oganawenimaawaan iniw bemaadizinijin jaagideg gegoo.

Aate'igewag ingiw aate'igewininiwag. Dadaatabiiwag geget.

Aaniin ge-onji-dadaatabiiwaapan ingiw aate'igewininiwag?

aate'igewininiiwi-wiiwakwaan

aate'igewininiiwi-biizikiiganan

aate'igewininiiwi-
minjikaawanag

Awegonen
ge-biizikamamban
da-ganawenindizoyan?

Oganawenimigonaawaan baazikamowaajin ingiw aate'igewininiwag.

Odoodaabii'aawaan iniw aate'igewidaabaanan ingiw aate'igewininiwag. Ombiigwewewag ingiw aate'igewidaabaanag.

Aaniish wenji-ombiigwewewaad ingiw aate'igewidaabaanag?

Odaabajitoonaawaa onagizhiiyaab da-aate'igewaad. Aabajichigaade nibi da-aate'igeng.

Daa-jaagidewan iniw waakaa'iganan eshpakidegin. Odaabajitoonaawaan akwaandawaaganan.

Aaningodinong biindigebatoowag waakaa'iganing megwaa jaagideg ingiw aate'igewininiwag. Onandawaabamaawaan iniw bemaadizinijin.

Gigikinoo'amaagonaanig ingiw aate'igewininiwag weweni da-ganawenindizoyang megwaa jaagideg gegoo.

18

Gigikinoo'amaagonaanig ingiw aate'igewininiwag weweni aaniin ge-izhichigeyangiban jaagideg gegoo.

Wawiingeziwag ingiw aate'igewininiwag da-ganawendamaagewaad megwaa jaagideg gegoo.

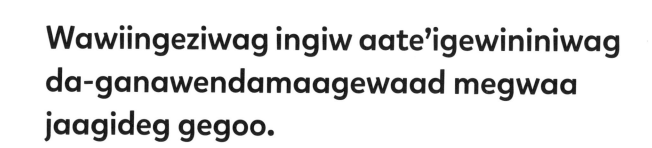

Gikendaasowinan!

Aaniish wenji-minwenimadwaa
ingiw aate'igewininiwag?

Aaniin akeyaa
ge-izhi-naadamook?

Giwii-aate'igewininiiw ina
gichi-aya'aawiyan?

Ezhi-wiiji'iweyang miinawaa Enamanji'oyang Anishinaabewiyang

Apiitendaagwadini awiya i'iw akeyaa ezhi-gikinoo'amaagozid da-apiitenindizod maadagindaasod. Gagwejim egindaasod enendang:

Awegonen gaa-maamawi-minwendaman gii-agindaman yo'ow mazina'igan?

Awegonesh gekendaman azhigwa gaa-agindaman yo'ow mazina'igan?

Gimikwenimaa ina awiya nayaadamaaged megwaa agindaman yo'ow mazina'igan?

Mazinaakizonan

aate'igewidaabaan

akwaandawaagan

onagizhiiyaab

waakaa'igan

Agindan onow

Boothroyd, Jennifer. *All about Firefighters*. Minneapolis: Lerner Publications, 2021.

Driscoll, Laura. *I Want to Be a Firefighter*. New York: Harper, 2022.

Leed, Percy. *Fire Trucks: A First Look*. Minneapolis: Lerner Publications, 2024.

Ikidowinan

Mazinaakizonan Gaa-ondinigaadeg

Nimbagidinigonaanig da-aabajitooyaang onow mazinaakizonan omaa mazina'iganing ingiw: © LPETTET/iStockphoto, pp. 4–5; © JohnnyH5/iStockphoto, pp. 6–7; © Firefighter Montreal/Adobe Stock, pp. 8–9; © Jenny Thompson/Adobe Stock, pp. 10–11, 23 (top right); © xavierarnau/iStockphoto, pp. 12–13; © domonite/Adobe Stock, pp. 13, 23 (bottom left); © ollo/iStockphoto, pp. 14–15, 23 (top left, bottom right); © TatianaMironenko/iStockphoto, pp. 16–17; © Wavebreakmedia/iStockphoto, p. 18; © Hero Images/iStockphoto, p. 19; © VAKSMANV/Adobe Stock, p. 20. Cover Photograph: © kali9/iStockphoto. Design Elements: © Mighty Media, Inc.

Odibendaan Lerner Publications, Lerner Publishing Group, Inc.
241 First Avenue North
Gakaabikaang 55401 USA

Nanda-mikan nawaj mazina'iganan imaa www.lernerbooks.com.

Mikado a Medium izhinikaade yo'ow dinowa ezhibii'igaadeg.
Hannes von Doehren ogii-michi-giizhitoon yo'ow dinowa ezhibii'igaadeg.

ISBN 979-8-7656-4952-7 (PB)

Library of Congress Cataloging-in-Publication Data

The Cataloging-in-Publication Data for the English version of *Firefighters: A First Look* is on file at the Library of Congress

ISBN 979-8-7656-2641-2 (lib. bdg.)
ISBN 979-8-7656-3680-0 (epub)

Nanda-mikan yo'ow mazina'igan imaa https://lccn.loc.gov/2023035532
Nanda-mikan yo'ow waasamoo-mazina'igan imaa https://lccn.loc.gov/2023035533

Gii-ozhichigaade Gichi-mookomaan-akiing
1-1010586-53593-3/19/2024